AF411038

TRAITÉ ÉLÉMENTAIRE

DE L'HARMONIE

APPLIQUÉE

AU PLAIN-CHANT.

Musique typographique de Tantenstein et Cordel, 92, rue de la Harpe.

TRAITÉ ÉLÉMENTAIRE

DE

L'HARMONIE

APPLIQUÉE AU

PLAIN-CHANT

PAR

M. l'Abbé Godard,

Professeur au grand Séminaire de Langres.

———◦◦◦◦◦———

IMPRIMERIE ET LIBRAIRIE ECCLÉSIASTIQUES

DE

GUYOT FRÈRES,

A PARIS   (MÊME MAISON)   A LYON

25, RUE SAINT-SULPICE,   2, RUE DE L'ARCHEVÊCHÉ,

CI-DEVANT RUE DU PETIT-BOURBON.   HOTEL DE LA MANÉCANTERIE.

TRAITÉ ÉLÉMENTAIRE

DE L'HARMONIE

APPLIQUÉE

AU PLAIN-CHANT.

§ I. But et division de ce Traité.

En écrivant ce petit Traité, je me propose de rendre facile à quiconque possède les premières notions de la musique, l'art d'appliquer l'harmonie au plain-chant, d'une manière correcte et conforme à l'esprit de l'Eglise. Les règles que je tracerai conviennent à l'accompagnement du plain-chant par l'orgue et à la composition des faux-bourdons.

Au fond, ces règles ne sont autres que celles du contre-point tel qu'il était pratiqué avant Palestrina. Le système en est d'une si grande simplicité qu'on le ferait comprendre en peu de temps, même à un enfant d'une intelligence ordinaire : une expérience suffisante autorise cette affirmation. Je dois ajouter qu'il n'exige pas, pour l'orgue, ce doigté rapide qui ne s'acquiert que par de longs exercices ; car le plain-chant s'exécute gravement, avec une certaine lenteur, et l'on n'emploie généralement qu'un seul accord pour chacune de ses notes.

1

Cette méthode s'adresse encore aux organistes qui, par leur éducation musicale, sont restés étrangers aux vrais principes du plain-chant. Trop souvent ils le revêtent d'une harmonie plus ou moins savante, mais en opposition avec sa tonalité. Dans ces quelques pages, je ferai ressortir les différences essentielles qui distinguent les gammes du chant grégorien des modes de la musique moderne, et j'indiquerai les conséquences qui doivent en résulter pour l'accompagnement des mélodies liturgiques.

Il y a vraiment lieu de s'étonner que ces connaissances, dont l'acquisition est si aisée, ne soient pas plus communes. Je m'estimerais heureux si je pouvais contribuer à les répandre en les mettant pour ainsi dire à la portée de tous.

Pour atteindre ce but, dans cet opuscule, je vais d'abord exposer la manière de lire le plain-chant et de le transcrire en notation musicale, § II. Ici j'ai en vue les personnes qui ne savent que la musique. Je ferai voir ensuite comment les huit tons du plain-chant diffèrent des deux gammes de la musique moderne, et doivent être accompagnés par une harmonie d'un autre caractère, §§ III, IV, V.

Distinguant alors l'harmonie ancienne de l'harmonie moderne, je réduirai à cinq les règles de la première, et je m'efforcerai de les expliquer clairement et avec précision, §§ VI, VII, VIII, IX, X, XI.

Arrivant à l'harmonie moderne, nous rechercherons quels emprunts on peut lui faire sans porter atteinte à la pureté du chant grégorien, § XII. La transposition qui ne change rien aux règles établies, la position du chant par rapport aux parties d'accompagnement, nous occuperont ensuite, §§ XIII et XIV. Je terminerai par une application raisonnée de cette méthode à l'accompagnement de morceaux de divers modes et à la composition de faux-bourdons, §§ XV et XVI.

Les termes techniques, peu clairs de leur nature, ne seront employés qu'en cas de nécessité, et l'on définira ceux dont un usage vulgaire n'aurait pas fixé le sens dans tous les esprits.

Bien que je me sois servi, pour mon travail, des publications de MM. Danjou, Lemmens, etc., je crois pouvoir dire qu'il n'existe aucun ouvrage récent du genre de celui-ci, et je me fais un devoir d'ajouter qu'en le composant, je me suis presque borné à résumer des leçons de M. Feltz, l'habile et savant organiste de la cathédrale de Langres.

§ II. Manière de transcrire le plain-chant en notation musicale.

1. Les notes de la gamme se nomment, dans le plain-chant comme dans la musique : *ut, ré, mi, fa, sol, la, si, ut.* On est libre de remplacer la syllabe *ut* par la syllabe *do*, introduite en Italie par Doni, vers le milieu du dix-septième siècle.

2. Les notes de plain-chant s'écrivent sur une portée de quatre lignes, et les notes de musique sur une portée de cinq.

3. Quant à la durée, on distingue en plain-chant la note carrée à queue ▪, la note carrée ■ et la note en losange ♦. La première est longue, la seconde semi-brève et la dernière brève. On pourrait en traduire ainsi la durée par les signes de musique :

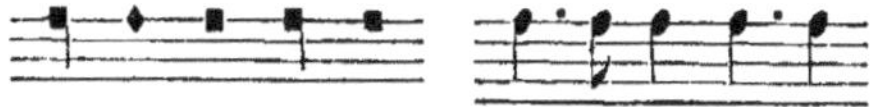

Pour plus de facilité, nous nous contenterons d'indiquer par des noires les notes brèves en plain-chant, et les autres par des blanches : le mouvement du plain-chant n'est pas mesuré strictement comme celui de la musique.

4. Les petites barres qui, dans la notation du plain-chant, ne coupent pas toute la portée, correspondent à la séparation des mots. Les grosses barres et les barres doubles marquent les repos et les coupures principales des phrases.

5. Il y a dans le plain-chant deux clefs : celle d'*ut* ════ et celle de *fa* ════. Elles déterminent la gamme, comme en musique, en fixant la note de la ligne sur laquelle elles sont posées. Ces clefs ne se placent pas toujours sur la même ligne. Leur position change souvent dans le même morceau ; parfois elles y paraissent l'une et l'autre.

Exemples pour la clef d'*ut*, tirés du *Lauda Sion.*

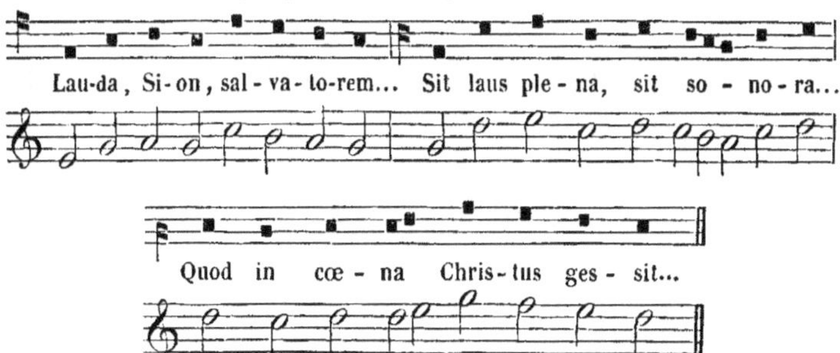

Exemples pour la clef de *fa*, tirés du *Dies iræ*.

Ces notions étaient nécessaires, et elles suffisent pour qu'un musicien puisse lire le plain-chant et le traduire en musique,

§ III. En quoi la musique et le plain-chant diffèrent essentiellement.

6. Pour comprendre les règles du contre-point simple, que nous définirons bientôt, et les appliquer au plain-chant, il est indispensable de bien distinguer, par leur constitution, le plain-chant et la musique.

7. En musique il n'y a que deux modes, deux tons, deux gammes (ces mots se prennent ici l'un pour l'autre), savoir : la gamme majeure, dont les trois premiers degrés forment une tierce majeure :

la gamme mineure, dont la première tierce ascendante ne se forme que d'un ton et demi :

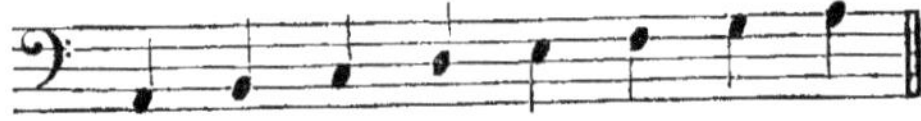

Les gammes de *ré* majeur, *mi* majeur, *fa* majeur, etc., sont au fond les mêmes que celle d'*ut* majeur ; et les gammes de *ré* mineur, *mi* mi-

neur, etc., sont au fond les mêmes que celle de *la* mineur, puisque les
rapports des notes ne sont pas changés, et que les demi-tons sont, re-
lativement à la tonique ou première note de la gamme, dans la même
situation. Les signes à la clef se modifient, le morceau est élevé ou
abaissé par rapport au diapason ; voilà tout.

8. Cette pauvreté de modes est rachetée par la faculté de modifier la
gamme, dans le corps du chant, au moyen des signes accidentels ♯,
♭, ♮ ; en passant du mode majeur au mode mineur et réciproquement ;
en passant d'un ton plus élevé à un ton moins élevé et réciproquement.

9. Dans le plain-chant, il y a, au contraire, huit gammes ou échelles
différentes qui constituent autant de gammes ou de tons ; savoir :

10. Les intervalles de demi-ton sont marqués, dans ces gammes, par
la ligature ⌢ ; la finale, c'est-à-dire la note sur laquelle chaque pièce
d'un mode doit finir (à l'exception de certaines phrases qui ne repré-
sentent pas complétement leur mode), est indiquée par la queue tirée
à gauche et en descendant ; la queue mise à droite et en montant dé-
signe la dominante, ainsi appelée à cause que d'ordinaire elle joue, par sa
fréquence, le principal rôle dans la mélodie. Il ne faut pas la confondre
avec la dominante en musique : celle-ci est la quinte au-dessus de la
tonique d'un accord. — La limite de l'échelle d'un morceau, sa finale et
sa dominante feraient reconnaître le mode auquel il appartient lors
même que le livre ne l'indiquerait pas.

11. Ce qui fait que chacune des huit échelles produit un mode différent, c'est que les demi-tons changent de place dans chacune d'elles.
Il faut excepter pourtant le huitième ton qui a une gamme semblable à
celle du premier ; mais sa finale, qui est le *sol* et non pas le *ré*, lui donne
un caractère qu'il est impossible de confondre avec celui du premier
ton.

12. On remarquera, dans la construction des gammes, que celles des

tons pairs reproduisent celles des tons impairs qui les précèdent immé-
diatement; mais la quinte inférieure des tons pairs se trouve renversée
dans les impairs, et les caractères des deux modes deviennent ainsi
très différents.

13. Nous avons dit (8), qu'en musique on a la faculté de modifier la
gamme naturelle ou diatonique (δια par, τονος ton) par l'effet du dièse
et du bémol, de sorte que cette gamme peut devenir chromatique
(χρωμα· couleur, nuance), en procédant par plusieurs demi-tons con-
sécutifs. Il n'en est pas de même dans le plain-chant. Il est de genre
diatonique et procède régulièrement par les tons et demi-tons à distance, tels qu'on les a vus aux échelles tracées plus haut (9).

14. Cependant le bémol qui détermine le demi-ton baissant apparaît
dans les tons du plain-chant, pour éviter la relation de quarte augmen-
tée, nommée aussi *triton*, parce qu'elle renferme trois tons entiers.
Cette consonnance est insupportable à l'oreille :

15. On trouve aussi des pièces de plain-chant, spécialement des
premier, cinquième et sixième tons, qui ont un bémol à la clef. Il
indique alors qu'il faut bémoliser tous les *si* qui se trouvent sur la
ligne. Ce serait le cas de parler de l'emploi abusif de ce signe; mais
je ne puis entrer ici dans une question qui est du ressort de l'érudi-
tion. Il suffira d'observer que le bémol n'est généralement qu'accidentel et en dehors de la constitution primitive des tons d'église.

16. Le dièse (διεσις, division), qui détermine le demi-ton haussant, ne
paraît qu'accidentellement et pour éviter la fausse consonnance de
triton, *si* contre *fa;* il s'emploie rarement par euphonie. Exemples :

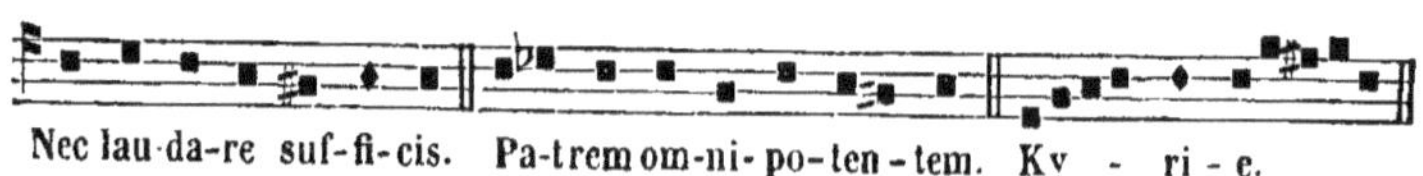

L'emploi du dièse est indispensable dans le premier cas; l'euphonie le réclame dans le second; rien ne le justifie dans le troisième, puisqu'il n'y a pas d'*ut* dièse dans l'échelle du premier ton, et que l'oreille ne demande pas qu'on le fasse entendre ici comme corde sensible, sous la tonique.

17. On voit par ce qui précède que le plain-chant et la musique diffèrent essentiellement, par leur constitution même. Le plain-chant est plus riche que la musique par la variété de ses modes; il est aussi plus fixe; puisqu'il demeure dans le genre diatonique. Mais les deux seuls modes de la musique trouvent dans leur mobilité même un autre genre de richesses que le plain-chant ne comporte pas. On a essayé d'inventer un troisième mode; les tentatives n'ont pas eu de succès. Au XVIIIe siècle, Blainville croyait y avoir réussi; mais, ainsi que J.-J. Rousseau le fait observer dans une lettre à l'abbé Raynal, ce prétendu mode nouveau n'est qu'un mode grec, le troisième du plain-chant.

18. Les deux modes de la musique ne peuvent être confondus avec aucun des tons d'église. C'est une conclusion nécessaire et qu'il importe extrêmement de recueillir. Pour nous en rendre compte, entrons dans quelques détails.

Le premier et le deuxième tons du plain-chant ne sont pas, il est vrai, sans analogie avec la gamme de *ré* mineur en musique. Cependant ils diffèrent encore radicalement, parce que le *si* naturel est d'un emploi régulier dans les deux tons du plain-chant. Il n'en faut pas davantage pour qu'il y ait erreur déplorable à les confondre :

C'est en vain qu'on voudrait assimiler cette gamme du deuxième mode à celle de *la* mineur; car sa finale est le *ré,* et ce n'est plus par conséquent sur les mêmes notes que se produit le sentiment du repos. Et encore le *sol* ne peut y être élevé par le dièse accidentel, puisque cette note ne devient point sous-tonique ou note sensible, comme dans le *la* mineur de la musique.

19. Le troisième et le quatrième modes ne sont pas sans ressemblance avec le *mi* mineur, le *la* majeur et l'*ut* majeur de la musique,

mais ils s'en séparent au fond, et ne peuvent être pris en aucune façon les uns pour les autres.

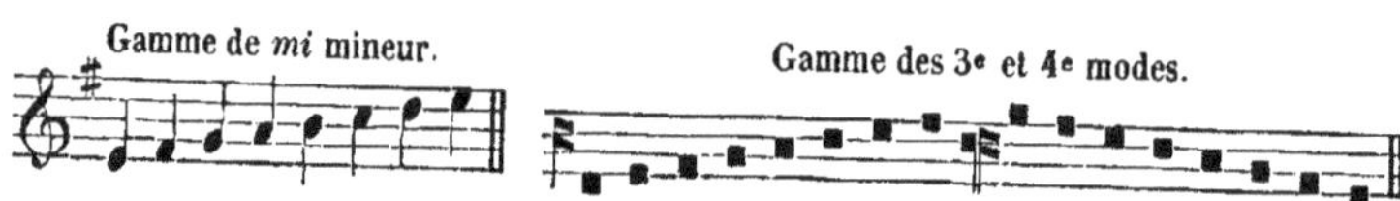

Il n'y a point de *fa* dièse dans ces deux dernières gammes comme en celle de *mi* mineur. Elles diffèrent de *la* mineur et d'*ut* majeur en ce qu'elles n'ont pas la même finale. Le quatrième mode ne saurait se rapprocher du *si* naturel mineur qui a *ut* ♯ et *fa* ♯ à la clef. De ces divergences il résulte un changement total dans le caractère des mélodies.

20. On doit faire les mêmes remarques pour le rapprochement du *fa* majeur de la musique avec les gammes des cinquième et sixième modes grégoriens. Ce n'est que par l'emploi exceptionnel ou accidentel du bémol qu'il tendent à se confondre, et non point par leur constitution régulière et originelle.

C'est à tort aussi que l'on regarderait cette gamme du sixième mode comme identique avec la gamme d'*ut* majeur. Elles diffèrent profondément en ce que la finale du sixième mode est *fa* et non pas *ut*; circonstance qui amène d'ailleurs assez fréquemment la modification du *si* par le bémol: deux choses qui rejettent à une grande distance d'*ut* majeur.

21. Le septième et le huitième modes ne ressemblent pas plus au *sol* majeur de la musique. L'échelle de *sol* majeur exige le *fa* dièse qu'ils repoussent:

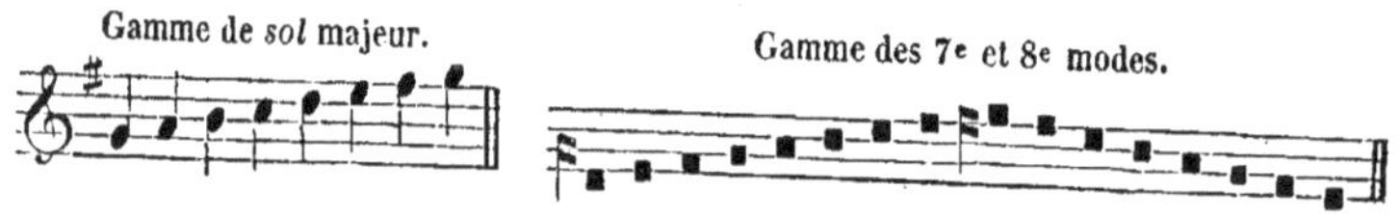

Et l'on ne peut, d'autre part, confondre la gamme du huitième ton ni avec celle du premier, puisque la finale de celui-ci est *ré* et non pas *sol;* ni avec le *ré* mineur de la musique, puisque celui-ci a le *si* bémol et *ré* pour tonique, tandis que pour le huitième ton la finale est *sol,* et le *si* naturel.

22. Donc il n'y a, dans le plain-chant, ni ton majeur ni ton mineur; et quelque analogie que les formules des mélodies grégoriennes puissent avoir avec les deux modes de la musique moderne, le plain-chant et cette musique sont réellement de diverse nature, attendu que les gammes génératrices de l'une et de l'autre ne sont pas identiquement les mêmes. Dans une échelle, le changement d'un demi-ton est sans doute peu de chose pour les yeux, mais c'est beaucoup pour l'oreille.

§ IV. Rapports de l'harmonie à la mélodie.

23. De cette conclusion, il faut tirer un principe fondamental sur l'harmonie appliquée au plain-chant, et établir *à priori* la nécessité de ne point employer l'harmonie moderne pour l'accompagnement des modes antiques. Les sons concomitants dont l'harmonie est le produit doivent être tellement combinés que les parties soient intimement liées et que l'unité subsiste dans la variété. Ainsi, dans l'accompagnement d'un chant, il faut que les parties d'accompagnement soient tirées d'une gamme identique à celle dont la mélodie est formée. Le musicien ne saurait accompagner, par exemple, avec les accords de la gamme de *ré* majeur une pièce écrite en *ré* mineur: il y aurait contradiction entre la mélodie et l'harmonie.

Or, nous venons de voir que les gammes du plain-chant et celles de la musique n'appartiennent pas à la même tonalité. Celui donc qui veut approprier au plain-chant l'harmonie née des gammes modernes, ressemble au musicien qui tenterait d'accompagner en *ré* majeur un morceau écrit dans un autre ton. Ou bien il faut altérer le chant, détruire sa constitution, ou bien créer un ensemble hybride et monstrueux dont les plus savantes modulations ne voilent qu'imparfaitement les vices.

Ces observations s'adressent aux organistes qui, prenant *la* pour dominante des huit tons, s'évertuent à accompagner le premier ton en *ré* mineur, le deuxième, en *fa* dièse mineur; le troisième, en *fa* dièse mineur; le quatrième, en *la* mineur avec finale en *mi* majeur; le cinquième, en *ré* majeur; le sixième, en *fa* majeur; le septième, en *ré* majeur; le huitième, en *la* majeur, avec cadence finale sur *mi* majeur.

Loin de nous cependant la pensée d'écarter tout rapprochement entre le plain-chant et l'harmonie moderne; nous consacrons au contraire le douzième paragraphe de ce Traité à indiquer les conditions dans lesquelles ce rapprochement peut se faire. Nous voulons seulement dire qu'une identification, ou même un rapprochement dépassant de justes limites doit dérouter et déroute en effet les plus habiles musiciens.

24. C'est pourquoi laissant de côté les différents systèmes d'harmonie inventés depuis la formation des deux modes de la musique actuelle, nous allons rechercher les règles de l'harmonie ancienne, dont la tonalité grégorienne est la source, et qui seule par conséquent revêt le plain-chant sans lui enlever son caractère. Cette harmonie, c'est le contre-point.

§ V. Définition du contre-point.

25. Les savants discutent encore la question de savoir si les anciens ont connu l'harmonie. Je n'entrerai pas ici dans une controverse qui n'a rien de pratique pour mon dessein.

26. Durant les siècles qui suivirent saint Grégoire-le-Grand, l'art d'ajouter au simple chant des livres d'église, des accords agréables à entendre, se forma ou reparut peu à peu. Le moine Hucbald de Saint-Amand établit au dixième siècle une succession d'accords de quinte, de quarte et d'octave; il donna même des exemples où les accords se combinent moins durement pour l'oreille, parce que les parties qui les composent ne suivent pas le même mouvement en montant ou en descendant. Après lui, le moine Gui d'Arezzo, Jean Cotton, Francon de Cologne, Philippe de Vitry, évêque de Meaux, perfectionnèrent les règles qu'il avait tracées; et l'on peut dire que Jean de Muris fixa, au quatorzième siècle, la théorie complète du contre-point. Elle ne diffère pas au fond de celle que nous allons exposer.

27. La notation du moyen-âge indiquait les sons par des points; les premiers essais de l'harmonie consistèrent à accompagner chaque note par une autre note qui pouvait s'écrire contre la première; de là le contre-point, *contrà punctum*. On l'appela aussi déchant ou discant, *discantus*. L'art de grouper plusieurs notes d'accompagnement

pour une seule note de chant donna naissance au contre-point fleuri ou figuré. Le contre-point primitif a été nommé contre-point simple. C'est le seul dont nous ayons à nous occuper.

§ VI. Règles de l'accompagnement du plain-chant.

Je vais énoncer les règles de l'accompagnement du plain-chant conformément aux règles du contre-point simple, et j'en ferai dans les paragraphes suivants une exposition plus détaillée.

28. Premièrement, on ne doit employer pour accompagner une pièce de plain-chant que les accords consonnants de la gamme du mode auquel cette pièce appartient.

29. Deuxièmement, on ne peut faire entendre deux consonnances parfaites de suite.

30. Troisièmement, les accords ne peuvent se succéder par une marche semblable; en d'autres termes : les parties ne peuvent monter ou descendre toutes ensemble par un même mouvement.

31. Quatrièmement, on doit commencer et finir l'accompagnement de toute pièce de plain-chant par les consonnances parfaites propres à fixer le mode de la pièce dans l'oreille.

32. Cinquièmement, on doit généralement accompagner chaque note du chant par l'accord parfait, avec la tonique de cet accord à la basse.

§ VII. Première règle.

33. On ne doit employer pour accompagner une pièce de chant que les accords consonnants du mode auquel cette pièce appartient. Afin de comprendre cette règle, prenons une gamme quelconque, par exemple celle du premier ton, et voyons quels accords parfaits elle renferme.

Avec ces huit notes employées sans aucune altération, je fais les accords suivants, que je nomme selon la musique moderne:

Nota. J'écrirai désormais le plain-chant avec les signes de la musique.

34. La consonnance de *si* contre *fa* étant dure à entendre, on ne se sert pas de l'accord sixième. Quand le *si* naturel est dans le chant, on l'accompagne avec l'accord de *mi* ou celui de *sol*. Quand il n'est pas dans le chant et que l'on veut employer l'accord *si, ré, fa, si,* on peut se servir de l'accord de *si* bémol majeur, pourvu que le caractère du mode ou le voisinage d'un *si* naturel dans le chant ne s'y oppose pas. Nous éclaircirons cela au numéro 55.

35. Les autres échelles du plain-chant se décomposent comme celle du premier mode. Ainsi la gamme du troisième ton :

donne successivement les accords suivants :

Ce sont les mêmes accords que ceux de l'échelle du premier mode; mais ils présenteront un caractère différent et déterminé par celui de la mélodie, quand on les emploiera dans deux modes différents et dans une succession différente.

36. Il n'y a donc en réalité que sept accords, comme il n'y a que sept intervalles consonnants dans la gamme diatonique : trois parfaits, l'unisson, la quinte et l'octave :

quatre imparfaits : la tierce majeure, la tierce mineure, la sixte majeure et la sixte mineure :

37. Si nous cherchons maintenant comment chaque note de la gamme se reproduit dans les sept accords tels que nous venons de les décomposer (33), nous voyons que chaque note se trouve dans trois accords, et peut conséquemment s'accompagner de trois manières :

38. Nota. On sait qu'en musique le premier degré de la gamme se nomme tonique ; le cinquième ou la quinte se nomme dominante, parce qu'il est le degré supérieur de l'accord parfait (en excluant l'octave qui est la tonique répétée), et à cause de l'importance des accords dans lesquels il entre. Le quatrième degré est appelé sous-dominante, et le premier degré sous la tonique, sous-tonique. Avec les seuls accords de tonique, de dominante et de sous-dominante, on peut faire en musique un accompagnement passable.

39. Supposons maintenant que je doive accompagner ce chant, ou tout autre dépourvu de modulation :

Je prendrai indifféremment l'un des trois accords de la gamme diatonique où le *la* est renfermé : *ré* mineur, *fa* majeur, *la* mineur ; je puis n'en employer qu'un ou deux, ou les employer tous les trois, n'importe dans quel ordre. Si je suppose une modulation avant ou après ce chant, alors mon choix sera déterminé par le mode de la modulation, et je me conformerai aux règles suivantes. Nous avons déjà dit, numéro 34, et nous verrons, numéro 55, que l'accord *si, ré, fa, si,* est d'un caractère exceptionnel, et qu'on ne peut en user sans le modifier. Ces explications suffisent pour cette règle prise isolément.

§ VIII. Deuxième règle.

40. On ne peut faire entendre deux consonnances parfaites de suite : deux unissons, deux quintes, deux octaves (36). La raison en est que l'oreille s'en trouve blessée, lorsqu'elle a le sentiment de l'harmonie. Les consonnances imparfaites ne produisent pas cet effet, parce que la nature l'a voulu ainsi. On ne fera donc pas :

Dans le premier exemple, les accords sont particulièrement choquants ; dans le second, ils manquent de corps et de liaison. La succession des octaves existe dans la basse et la partie supérieure, les sons intermédiaires n'en effacent pas le mauvais effet.

§ IX. Troisième règle.

41. Les accords ne peuvent se succéder par une marche semblable,
en d'autres termes: les parties doivent suivre un mouvement contraire,
ne pas descendre ou monter toutes ensemble le même nombre de degrés. La raison est encore dans le désagrément qui résulterait pour
l'oreille de cette similitude de mouvement. L'harmonie se dissout et
n'éveille plus le sentiment de la tonalité, si on dédaigne ce principe.
On ne fera donc pas :

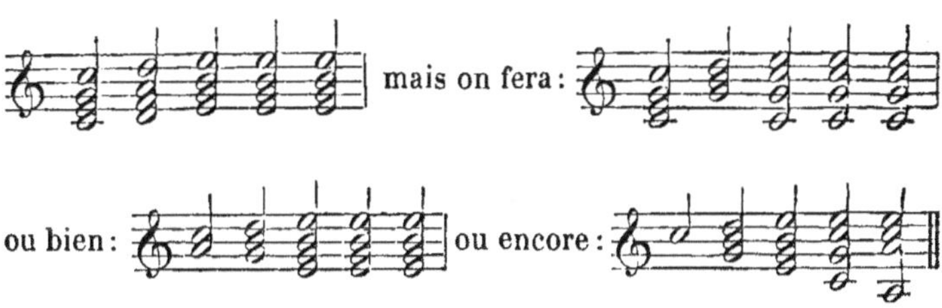

42. En un mot, on peut prendre à son choix toutes les combinaisons
qui déterminent le mouvement contraire dans la marche des parties, et
qui ne blessent pas d'ailleurs les autres règles.

43. C'est principalement entre la basse et le chant que l'opposition de
la marche se fait sentir; les parties intermédiaires ont un mouvement
moins important et moins varié.

44. Cependant il n'est pas nécessaire pour que la règle du mouvement
contraire soit observée que la basse descende tandis que le chant monte,
ou réciproquement; il suffit que ces parties ne descendent ou ne mon-
tent pas autant de degrés l'une que l'autre. On produit alors ce que les
musiciens appellent l'octave cachée; l'oreille soupçonne certaines notes
de transition dont la dernière donnerait lieu à deux octaves successives,
si elle était réellement accusée. Ainsi, lorsque l'on fait :

l'oreille croit entendre :

On voit ici que la marche du chant n'est pas semblable à celle de la basse, bien qu'elle ne soit pas absolument contraire. Mais la différence qu'offre en même temps la marche des parties intermédiaires vient encore contribuer à la liaison des accords.

§ X. Quatrième règle.

45. Au commencement et à la fin de chaque pièce de chant, on doit faire entendre les consonnances parfaites d'unisson ou d'octave, ou l'accord parfait tout entier, et choisir des accords propres à fixer le mode de la pièce dans l'oreille ; cela du reste s'observe naturellement. Je suppose, par exemple, que j'accompagne cette phrase :

je ne débuterai ni ne terminerai par l'accord de *sol*, peu propre à éveiller en moi le sentiment du mode ; je prendrai l'accord de *ré* mineur qui me place facilement dans le ton. Je ne commencerai ni ne finirai par une consonnance imparfaite, telle que la sixte ou la tierce. Je dirai :

et non pas :

Les autres règles du contre-point sont cependant observées dans **ce** dernier agencement.

§ XI. Cinquième règle.

46. On doit généralement accompagner chaque note du chant par un accord parfait avec la tonique de cet accord à la basse.

Exemple tiré du *Regina cœli*.

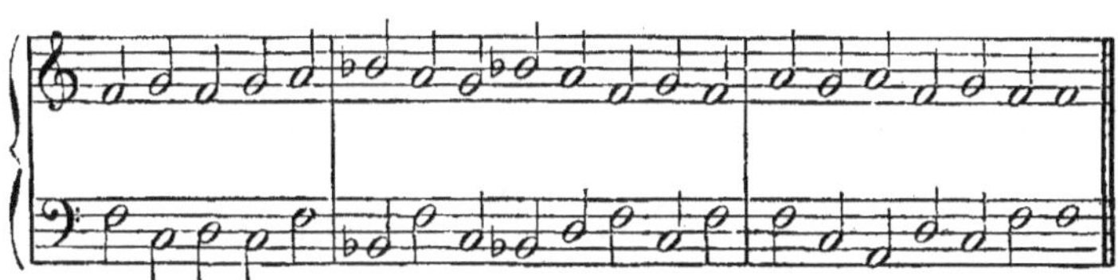

47. NOTA. La tonique de l'accord étant régulièrement à la basse, on peut se dispenser de noter les parties entre la basse et le chant. L'œil voit la tonique de l'accord, et les doigts vont se placer d'eux-mêmes sur les notes du clavier pour faire les parties intermédiaires.

48. On est libre de ne pas employer l'accord parfait tout entier en diverses circonstances, par exemple en commençant ou en finissant un morceau ou une phrase d'un morceau. Quelquefois on fait une sorte de contraction pour éviter une faute. Dans l'exemple précédent, je pouvais dire :

Sur l'avant-dernier *fa*, je n'ai pas mis l'accord parfait tout entier pour ne pas donner aux quatre parties le même mouvement. La troisième est, en ce cas, censée monter d'un degré. Cette contraction fait excuser l'identité du mouvement de la basse et du chant.

Quant à la règle qui prescrit la tonique constamment à la basse, elle souffre des exceptions qui seront notées au paragraphe suivant. Mais nous pensons, contrairement à l'avis de plusieurs, qu'elle rend l'harmonie plutôt grave que monotone.

§ XII. Emploi de l'harmonie moderne.

49. Avec les simples règles que je viens de tracer, il est possible d'accompagner correctement tous les morceaux de plain-chant. L'harmonie qui en résulte est plus riche qu'on ne le penserait à la première vue. On y rencontre certains accords qui d'abord paraissent durs; mais l'oreille s'y habitue bientôt et l'on trouve, dans leur austérité même, une majesté que l'on ne soupçonnait point. Cependant je crois que pour varier davantage l'harmonie appliquée au plain-chant, et la rendre plus douce et plus agréable aux oreilles accoutumées à la nouvelle tonalité, on a le droit de faire quelques emprunts à la musique moderne. Il faut en user avec sobriété, et, dans tous les cas, ils ne doivent entraîner aucun changement dans les notes de la mélodie ni en altérer le caractère. J'essaierai d'indiquer les principales circonstances où l'on est libre de recourir à la musique, et j'en chercherai les raisons.

I.

50. Il y a des pièces de plain-chant, ou des passages dans des pièces de plain-chant, qui se rapprochent beaucoup de la tonalité moderne, et qui, parfois, pourraient même se confondre avec elle. Dès lors, rien ne s'oppose à ce que l'on emploie, pour l'accompagnement, des accords où entrent des notes qui n'appartiennent pas à l'échelle-type du mode en plain-chant. Plusieurs exemples des cas les plus fréquents éclairciront cette idée.

51. Je prends la première phrase du *Lauda Sion,*

Le premier membre se rapporte, si l'on veut, à la gamme de *sol* majeur
en musique. Le membre du milieu ne saurait lui être attribué à cause
de la présence du *fa* naturel; mais on lui rapportera nécessairement
le dernier membre, à cause du *fa* qui est naturellement dièse et qu'il
n'est pas permis de retrancher comme on le fait dans l'école de Malines.
Conséquemment j'accompagnerai le premier membre *ad libitum*, en *sol*
majeur ou bien selon les précédentes règles du contre-point; je m'en
tiendrai à ces dernières pour le membre du milieu, et je reviendrai au
sol majeur pour le dernier membre. Ainsi, je dirai :

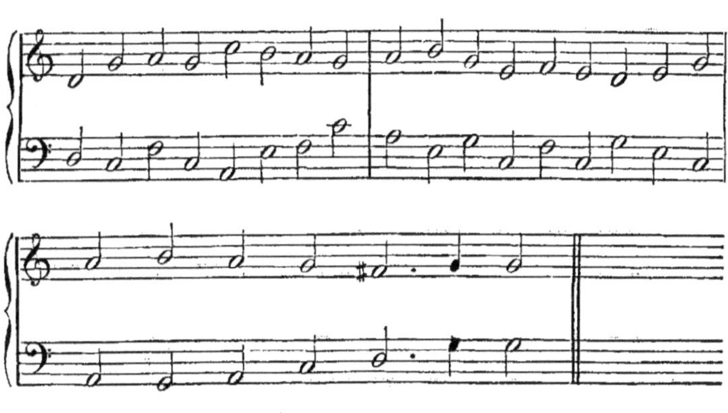

ou bien :

Le *Te Deum* présente un cas à peu près semblable; je puis dire, en de-
meurant fidèle à l'ancienne méthode :

Ou bien en considérant cette phrase comme en *sol* majeur :

52. Dans le *Credo* des doubles ordinaires, l'euphonie exige le *fa* dièse, quoiqu'on évite le triton par le *si* bémol :

L'accompagnement exige ici d'autres notes que celles de la gamme du quatrième mode, auquel ce morceau n'appartient pas réellement. Sa tonalité irrégulière ne permet de le classer dans aucun des modes grégoriens.

53. D'autres phrases de plain-chant se terminent comme les phrases en *la* mineur de la musique. On peut alors employer le *sol* dièse dans l'accord de *mi* majeur. Par exemple, en accompagnant ce passage de la messe de Dumont, dite *Royale*, je dirai :

aussi bien que :

54. Quelquefois même je ferai le *sol* dièse dans le chant, bien qu'il ne soit pas diésé sur le livre, comme on dièse le *fa* dans le *Lauda Sion* et le *Credo* précité. La nature le demande. On termine avec raison en *la* mineur cette phrase du *Gloria laus.*

55. Passons à l'emploi du bémol. Quoique le *si* bémol doive être regardé en général comme accidentel dans le plain-chant, le *si* est parfois bémolisé dans toute l'étendue de pièces de divers tons, par exemple du premier et du cinquième. Comment repousserait-on alors les accords de *si* bémol majeur et de *sol* mineur? Je ne vois même pas pourquoi l'on serait tenu de s'en priver dans les parties d'accompagnement, pourvu que le *si* naturel ne se fasse pas entendre avant ou après, de manière à offenser l'oreille en brisant la tonalité. J'accompagnerai de la sorte, sans scrupule, la grande finale du premier ton pour les psaumes :

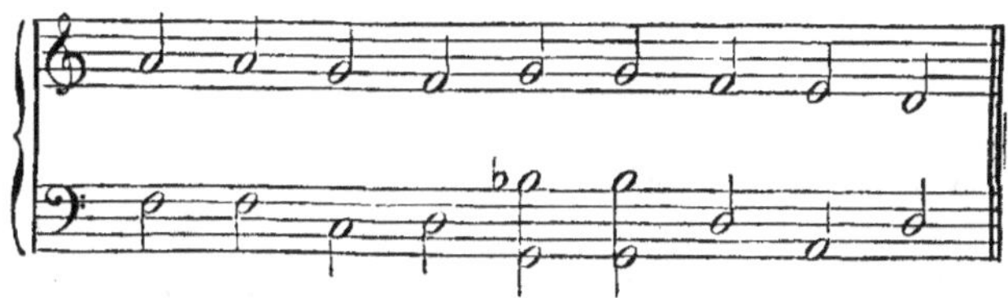

et aussi bien que de cette manière :

De même je pourrai me servir de l'accord de *si* bémol majeur et de *sol* mineur, dans les passages qui se rapportent au *ré* mineur ou au *fa*

majeur de la musique, alors que le *si* naturel ne serait pas altéré, ou ne serait altéré qu'accidentellement dans le chant par le bémol. Il suffit que la proximité du *si* naturel et du *si* bémol n'occasionne pas une fâcheuse dissonance. Le *Kyrie* suivant de la messe Royale n'offre pas de *si* bémol, et néanmoins je puis l'accompagner ainsi :

NOTA. Dans cet exemple l'accord de *si* bémol majeur doit se faire par contraction, avec les deux seules notes *ré* et *si* bémol. *Voyez* le numéro 48.

56. En un mot, toutes les fois que, pour l'accord, on modifie par le demi-ton haussant ou baissant, une note de la gamme diatonique, il faut éviter que cette note modifiée ne sonne avant ou après la note naturelle, de manière à affecter désagréablement l'oreille. Ainsi, dans l'*Agnus Dei* de la messe de Dumont déjà citée, je ne dirai pas :

Je préviendrai ce mauvais effet en ne plaçant pas de *si* bémol dans les parties d'accompagnement près du *si* naturel qui est dans le chant :

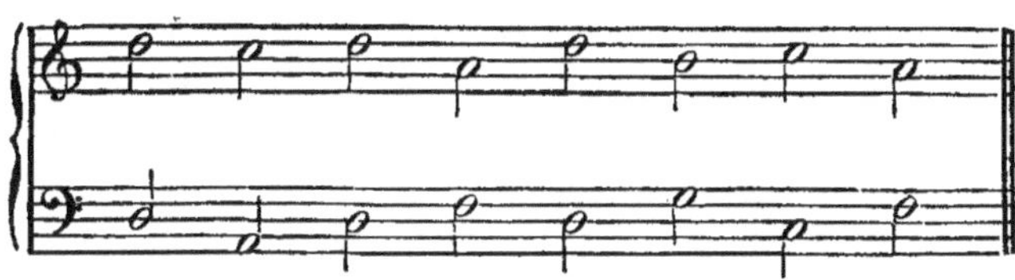

II.

57. Dans le premier et le deuxième modes, il nous est loisible, à la fin d'une pièce ou même à la fin d'une phrase qui aboutit à la finale du mode, d'employer la note sensible qui est le demi-ton au-dessous de cette finale, c'est-à-dire *ut* dièse. L'avant-dernier accord est alors en majeur au lieu d'être en mineur.

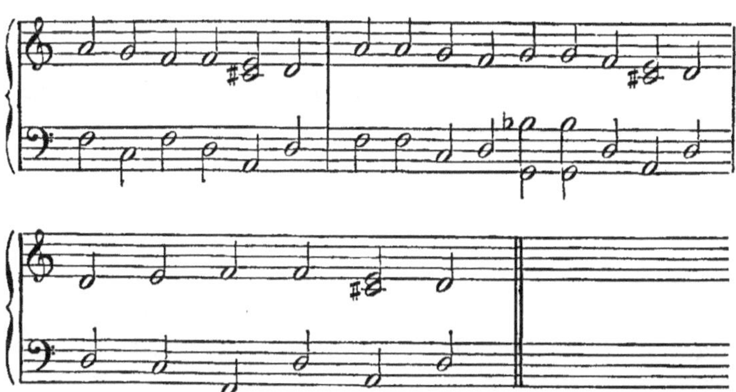

58. Il n'est pas même nécessaire pour employer cet accord que la phrase aboutisse sur la finale du mode; on peut en faire usage en d'autres circonstances, pourvu que (56) l'on évite la dissonance d'*ut* naturel avec *ut* dièse :

etc.

59. Dans le troisième et le quatrième modes qui ont pour finale *mi*, on peut employer en terminant une phrase qui aboutit sur la finale, l'accord de *mi* majeur au lieu de *mi* mineur. Palestrina, Allegri finissent souvent un morceau d'un ton mineur par l'accord parfait majeur de sa tonique. Cette manière produit parfaitement le sentiment du repos :

60. Les finales des quatre autres modes étant placées dans l'échelle diatonique sous deux tons entiers ne donnent pas lieu à de semblables observations, et nous n'avons rien à ajouter aux numéros 50 et 51.

III.

61. L'accord de septième dominante se compose de la basse fondamentale, tierce majeure, quinte juste et septième mineure.

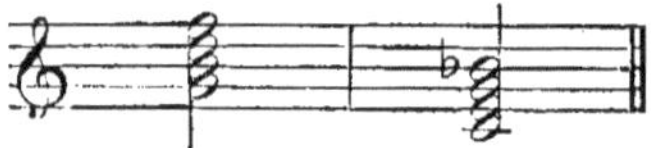

Cet accord si chatouilleux pour les sens, et qui, depuis Monteverde, a produit dans la musique tant d'effets admirables, ne doit s'employer que très discrètement dans le plain-chant. Il exprime naturellement la passion, et retire l'âme du recueillement, en tenant en suspens l'oreille qui attend sa résolution sur un accord parfait. Son fréquent usage est donc aussi convenable en musique qu'il serait déplacé dans le chant de l'Eglise. Si nous nous en servons, c'est

62—pour l'accompagnement des petits versets :

encore y figure-t-il plutôt comme l'accord d'une note de passage,

63—et comme note de passage dans les parties d'accompagnement ainsi qu'en terminant une phrase, une formule de chant. Il fait naître le désir et le sentiment de la finale :

64. Mais nous croyons devoir exclure généralement la septième mineure de la partie du chant où son effet est beaucoup plus sensible.

65. L'accord de septième dominante demande à être résolu sur l'accord de la tonique. La basse fondamentale descend alors d'une quinte ou monte d'une quarte. Quelquefois cependant on trompe l'oreille par une cadence rompue. Elle consiste à résoudre l'accord de septième, non sur l'accord de la tonique, mais sur l'accord de son mineur, en faisant monter la basse d'un ton :

Nous avons, dans le premier cas, la résolution ordinaire ; dans le dernier, au lieu d'aboutir à l'accord de *fa* majeur, j'arrive au ton mineur *ré*, qui est son relatif. La cadence rompue doit paraître rarement.

IV.

66. Lorsqu'il y a, dans le plain-chant, des notes de passage que le chœur emporte avec une certaine rapidité, il est bon de ne pas suivre la règle cinquième (46), qui prescrit d'accompagner chaque note du chant par un accord parfait, avec la tonique de cet accord à la basse.

On maintient alors la basse fixe tandis que la note brève passe accompagnée d'une partie intermédiaire.

Exemple :

V.

67. Je signalerai l'emploi de l'accord de quarte-sixte, pour les finales, comme une autre exception à la même règle, en ce qui concerne la tonique à la basse. Dans cet accord :

la dominante est à la basse, la tonique à la quarte au-dessus, et la troisième note de l'accord parfait, une sixte au-dessus de la dominante.

Des puristes condamnent cette marche de basse pour le plain-chant. Il nous semble pourtant qu'elle n'est pas sans majesté.

68. Enfin la règle cinquieme peut encore souffrir une exception par l'emploi d'un renversement, à la fin de certaines formules qui se rencontrent assez souvent dans le plain-chant et dont voici des exemples :

Dans ce dernier exemple, le renversement à la basse fait éviter les octaves successives qu'il y aurait eu de l'accord de *ré,* avec la tonique à la basse, à l'accord de *mi.*

Le renversement pourrait n'avoir d'autre objet que de procurer une meilleure marche de basse.

Il y a certainement d'autres particularités de ce genre, qui sont en dehors des principes du contre-point primitif et que nous omettons; mais le goût et le respect des vénérables formules du chant liturgique apprendront à discerner les autres emprunts que l'on peut faire sans danger, aux modernes systèmes d'harmonie.

§ XIII. Transposition.

69. Nous avons appris la manière d'accompagner le plain-chant en prenant ses gammes telles qu'elles sont notées sur les livres. Mais il faut le transposer souvent pour le mettre mieux à la portée des voix communes et pour n'avoir pas à chanter successivement des morceaux trop bas et trop élevés. Cette transposition, du reste, n'apporte aucune modification dans les règles de l'accompagnement. Si l'on hausse ou que l'on abaisse la pièce d'un degré, tous les accords monteront ou descendront de même, sans qu'il soit besoin d'en changer un seul. On emploiera les dièses ou les bémols marqués à la clef dans la gamme que cette transposition aura donnée, et voilà tout.

70. Les anciennes orgues sont d'un ton au-dessous du diapason actuel de l'orchestre ou de l'opéra, c'est-à-dire que le *la* du diapason est le *si* naturel de ces orgues; les nouvelles orgues sont accordées conformément au diapason moderne, c'est-à-dire que le *la* de celui-ci est le *la* des orgues nouvelles. M. l'abbé Clergean a inventé, il y a quelques années, un mécanisme transpositeur qui déplace le clavier et dispense l'organiste du soin de la transposition. Je ne me fais pas juge du mérite de cette invention; mais il est à désirer qu'elle ne favorise point la paresse, et qu'elle n'engage pas les commençants à s'arrêter devant les légères difficultés que la transposition présente (1).

71. Dans la psalmodie on prend généralement, à la cathédrale de Langres, *la* pour dominante, et l'antienne suit le psaume.

(1) Voir la *Méthode de Plain-Chant* de M. Feltz, page 18, sur la manière d'acquérir la facilité de transposer.

On a donc, pour le 1er ton, dominante *la*, finale *ré*.

pour le 2^e	—	—	*la*,	—	*fa*♯.
pour le 3^e	—	—	*la*,	—	*ut*♯.
pour le 4^e	—	—	*la*,	—	*mi*.
pour le 5^e	—	—	*la*,	—	*ré*.
pour le 6^e	—	—	*la*,	—	*fa*.
pour le 7^e	—	—	*la*,	—	*ré*.
pour le 8^e	—	—	*la*,	—	*mi*.

72. Dans les autres chants, la dominante varie généralement du *si* bémol au *sol*, selon l'étendue des morceaux. On doit considérer la majorité des voix, et choisir le diapason qui leur convient. La voix d'homme la plus commune est entre la *basse* et le *ténor*, c'est-à-dire qu'elle chante facilement de l'*ut* à l'*ut* ou au *ré*, bien que quelques-uns regardent cette voix dite de baryton comme exceptionnelle. La voix de *basse* condamne au silence la plupart des jeunes gens, les femmes et beaucoup d'hommes à la maturité de l'âge. Elle conduit les enfants à se servir de la voix de poitrine, au lieu de la voix de tête, ce qui leur est très nuisible. Enfin elle donne au chant un caractère triste, un résonnement caverneux et une vertu soporifique dont il faut le préserver.

§ XIV. Position de la partie de chant.

73. L'accompagnement se faisant régulièrement à quatre parties, on a placé le chant soit à la basse, soit à la partie supérieure, soit à une partie intermédiaire. Que faut-il penser de ces systèmes?

Nous rejetons absolument le système qui place le chant à la basse. Il est mauvais pour plusieurs raisons.

1° La première, c'est que le chant étant la partie principale, doit être dominant; or, il ne présente pas ce caractère si trois parties d'accompagnement résonnent au-dessus de lui. Une oreille peu exercée ne le distingue pas toujours facilement, parce que les sons aigus la frappent davantage.

2° On ne peut guère trouver une harmonie convenable sur une basse ainsi forcée. La monotonie est inévitable, ou bien contrairement au principe posé § XI, la basse ne serait plus constamment la tonique de l'accord, et l'on tomberait dans le système de la *basse fondamentale* de Rameau : c'est-à-dire qu'en conservant l'accord parfait pour chaque note, on l'emploierait avec des renversements. En effet, dans cette théorie, la place du vrai son fondamental, de la tonique réelle de l'accord est déterminée par la marche du chant. Ainsi dans un accord d'*ut*, cette note peut être à toute autre partie qu'à la basse, et même ne se point exprimer.

74. Le chant placé à une partie intermédiaire a contre lui la première raison que nous opposons au chant à la basse. Il est néanmoins bien préférable à ce dernier, et il est des cas ou l'on doit l'employer. Je veux parler de l'accompagnement des *faux-bourdons* (§ XV).

Si parfois on suivait la même marche dans l'accompagnement de chants à une seule voix, en vue d'obtenir quelque variété, il n'y aurait en cela rien de répréhensible.

Le chant placé à une partie intermédiaire ne change en rien les règles ci-dessus. Prenons pour exemple l'antienne *Adoremus* telle qu'elle se chante dans beaucoup de diocèses :

§ XV. Faux-bourdons.

75. Les régles de la composition des faux-bourdons sont les mêmes que celles que nous avons établies plus haut (§ VI).

76. Observons cependant que, dans les faux-bourdons, le chant doit être exécuté par la voix la plus commune qui est, nous l'avons dit,

entre *ténor* et *basse*. La partie supérieure, reservée aux enfants, ne saurait être qu'une partie d'accompagnement. Il est surtout impossible d'y mettre le chant dans la psalmodie, car alors le chœur qui doit alterner avec le faux-bourdon, n'aurait plus la voix assez haute pour atteindre le degré des voix d'enfants.

Dans ce cas les parties qui auraient été entre le chant et la basse sont au-dessus du chant.

Exemple :

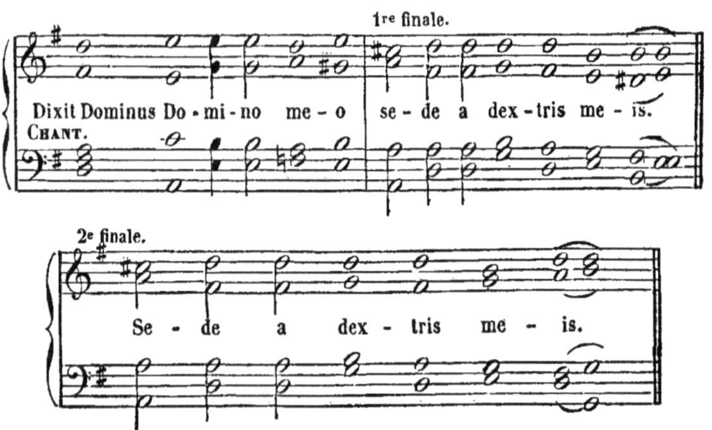

77. On peut faire quelques modifications, si cela est nécessaire, pour donner au chant plus de variété et d'agrément, ou pour s'accommoder à la portée des voix.—Par exemple, dans ce faux-bourdon sur le septième ton des psaumes :

NOTA. Ces derniers exemples sont tirés de la *Méthode de Plain-Chant* de M. Feltz, supplément, pages 34 et 37.

§ XVI. Application aux différents modes.

Iᵉʳ TON. *Ave, maris stella* (Danjou).

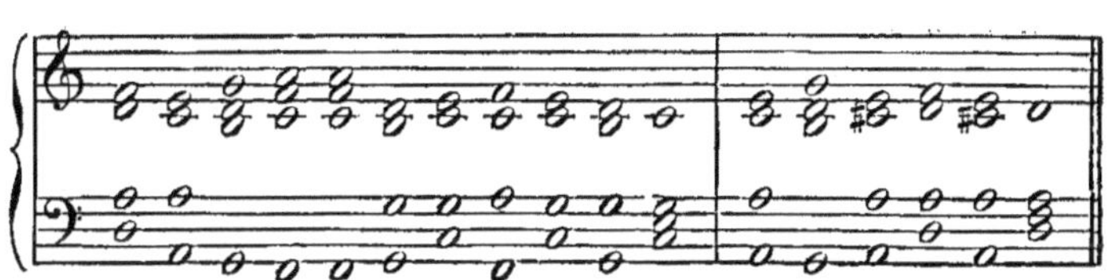

IIᵉ TON. *Sanctorum meritis.*

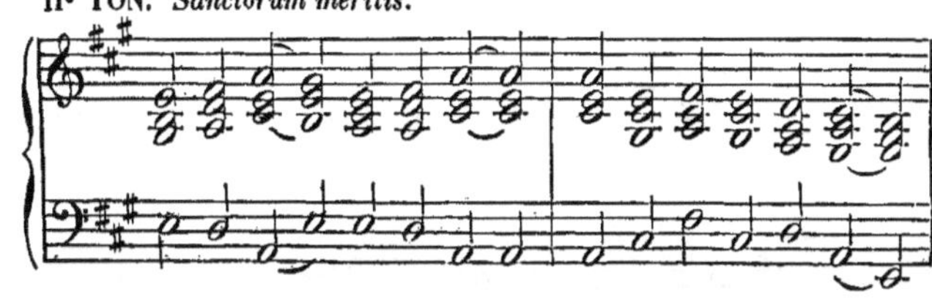

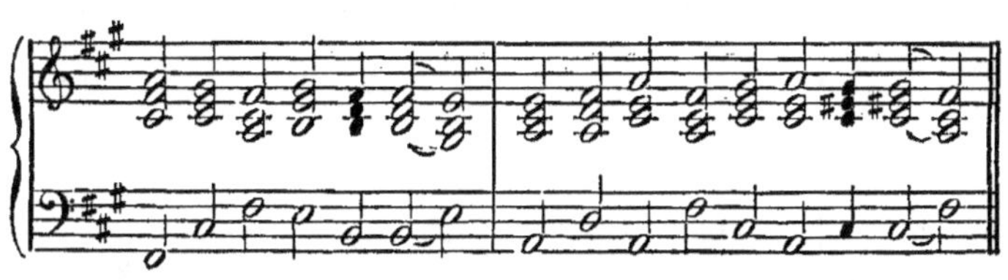

IIIe TON. *Pange lingua.*

IVe TON. *Cœlestis urbs Jerusalem.*

Ve TON. Te deprecante. (20 octobre.)
VIe TON. Jesu nostra Redemptio. (Hymne de l'Ascension.)

3

VIIe TON. *Puer natus est.*

FIN.

TABLE DES MATIÈRES.

Saint-Cloud, —Imp. de Belin-Mandar,

www.ingramcontent.com/pod-product-compliance
Lightning Source LLC
LaVergne TN
LVHW011411170726
843501LV00006B/2139